AF501681

COLLECTION THÉATRALE

DE

M. JOSEPH DE FILIPPI

ESTAMPES

ET

DESSINS

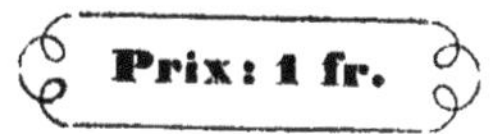

Me DELBERGUE-CORMONT, Commissaire-Priseur.

M. VIGNÈRES, Marchand d'Estampes.

PARIS — 1861

RENOU ET MAULDE
IMPRIMEURS DE LA COMPAGNIE DES COMMISSAIRES-PRISEURS
Rue de Rivoli, 144.

2271
681 75
2329 50
5282 [illegible]

2271
681 75
2329 50
5282 25

264 15

CATALOGUE

DES

ESTAMPES & DESSINS

ARCHITECTURE THÉATRALE

DEPUIS L'ANTIQUITÉ JUSQU'A NOS JOURS

SCÈNES THÉATRALES, DÉCORATIONS

FRANÇAISES ET ÉTRANGÈRES

COSTUMES

ET

PORTRAITS

DE

Chanteurs, Cantatrices, Acteurs, Actrices, Danseurs, Écuyères, Musiciens, Compositeurs, Auteurs dramatiques, Décorateurs;

DONT LA VENTE AURA LIEU

RUE DES BONS-ENFANTS, 28

(MAISON SILVESTRE)

Les 23, 24, 25 Mai 1861, à 7 heures du soir.

Par le ministère de Me **DELBERGUE-CORMONT**, Commissre-Priseur, rue de Provence, 8,

Assisté de M. **VIGNÈRES**, Marchand d'Estampes, rue de la Monnaie, 13, à l'entresol; entrée rue Baillet, 1,

Chez lequel se distribue le présent Catalogue.

EXPOSITION

Chaque jour de vente, de 1 heure à 3 heures.

PARIS — 1861

ORDRE DES VACATIONS

PREMIÈRE VACATION. —	*Jeudi 23 :*	De 1 à 169
DEUXIÈME VACATION. —	*Vendredi 24 :*	De 170 à 346
TROISIÈME VACATION. —	*Samedi 25 :*	De 347 à 523

AVERTISSEMENT

Les Estampes accompagnées d'un texte et les recueils reliés, ont été compris dans la Bibliothèque, dont la vente suivra immédiatement celle des Estampes.

Le Catalogue des Livres se trouve chez M. AUDRY, libraire, rue Dauphine, 16.

CONDITIONS DE LA VENTE

La Collection sera proposée en totalité ; si la mise à prix n'est pas couverte, on proposera par divisions et enfin par lots.

Les lots ne formant pas suite complète pourront être divisés ; les Dessins formant un Théâtre entier ne seront pas divisés.

La Vente sera faite au comptant.

Les Acquéreurs paieront, en sus des enchères, CINQ POUR CENT applicables aux frais.

M. VIGNÈRES, faisant la vente, se charge des commissions.

Quartil. [illegible]

Ardenne. 6. 5. p.

Berg 8. 7. 1

COLLECTION THÉATRALE

DE M. JOSEPH DE FILIPPI.

ESTAMPES ET DESSINS

GÉNÉRALITÉS

1 — Titres, billets d'entrées, etc., 7. Réunions de portraits, de costumes, 10. — Caricatures, 11. — 28 pièces.

2 — Costumes et décorations. 50 p.

3 — Mœurs théâtrales, les Actrices, les Coulisses par Gavarni, Henri Monnier et autres. 66 p. noir et couleur.

4 — Annales du ridicule. 5 caricatures théâtrales coloriées.

ARCHITECTURE THÉATRALE.

THÉATRES ANTIQUES. — AMPHITHÉATRES.

5 — Athènes. — Jassus. — Myra. — Telmissus. — Syracuse, 3.— Merida, 3.—Taormine, 3.— Misène. Segeste, 2. — Tindare. — Sagonte, 3. — Catane, 4. 24 pièces.

6 — Théâtres anciens sans désignation. 24 p.

7 — Arles, 4. — Orange, 3. — Nismes, 9. — Limoges. — Bordeaux. — Vienne, 2. — Milan, arène moderne, aquarelle de Sanquirico, régate en 1807, etc., 4. — Pola, 2. — 26 p.

8 — Rome, 18. — Pompeï, Herculanum, 10. — Grande vue de l'arène de Vérone. — Scènes, etc., 6. — 35 p.

TOPOGRAPHIE DE PARIS.

9 — Plans entiers et parcellaires, projets, quartiers, etc., de 1754, 1772, 1775, l'an IV, l'an XIII, 1804, etc., à nos jours. 75 feuilles.

FRANCE.

THÉATRES DÉTRUITS A PARIS.

10 — Théâtre-Français, rue Guénégaud, hôtel de Bourgogne, 1773, rue des Fossés-Saint-Germain-des-Près, dessins à la plume et calque. **3** p.

11 — Colysée, plans et coupes. 4 p.

12 — Louvois, 8 dessins de Brongniart et autres. **10** p.

13 — Cirque Franconi, — du Palais-Royal. — Théâtre du Panthéon. — Théâtre de Lully, rue de Vaugirard. — Palais-Royal, Opéra, ancienne salle, titre de Coypel, etc, 4. — Nouvelle salle, 2. — **10** p.

14 — Théâtre des Arts, Opéra, rue Richelieu. 7 dessins de Brongniart et autres. **17** p. Vues, coupes, élévations, charpentes, etc.

15 — Feydeau. 7 dessins de Brogniart et autres. **10** p.

16 — Vaudeville brulé, rue de Chartres. 6 p. — — Th. de Mlle Guimard, 2. — Les Marionnettes. — Du Duc d'Orléans, rue de Provence, au milieu du jardin, petit plan calque. — Panoramas, 2 calques. — Théâtre des boulevards; des Associés, qui fut Mme Saqui, dessin de Jolivet. — Jeunes-Artistes, 4. — Ancien Ambigu, 2. — Ancien Théâtre-Français, rue de Lancry. — **20** p.

THÉATRES EXISTANTS A PARIS.

17 — **Opéra**, rue Lepelletier. Vues intérieures et extérieures, plans et détails, calques, etc. **41** p.

Berger 75.

Destail. 15.50
les marionettes

Gounouet 9
2 Guinnes

AB. 10.

AB 6.

AB. 3.

18 — Salle Favart, Opéra-Italien et Opéra-Comique, Vues et plans, dessins, détails, calques, etc. 44 p.

19 — Salle Ventadour, Théatre-Italien, Vues, dessins de plans, détails, calques, etc. 33 p.

20 — Théâtre des Thuileries, Ancien, 10. — Moderne, 2. — De Verdure. — Des Appartements et Marionnettes, 5. — 18 p.

21 — Théâtre-Français, 2 dessins Brongniart. — Couronnement de Voltaire. — Vue en couleur de Prieur, etc. — 16 p.

22 — Odéon, dessins de Brongniart, Chalgrin, Peyre et de Wailly, vues, plans, etc. 37 p.

23 — Vaudeville, Th. des Nouveautés, Vues et dessins, calques. 14 p.

24 — Porte-Saint-Martin, vues, plans, dessins. 10 p.

25 — Gaîté incendiée, Presolle couronné et dessins, 5. — Nouvelle salle, vue et dessins de plans, 8. — 13 p.

26 — Théâtre-Comte, Bouffes, 2. — Ambigu-Comique, 2. — Folies. — Gymnase, 2. — Cirques, 7. Luxembourg. — Palais-Royal, 2. — Conservatoire. — Variétés, 5. — Théâtre-Lyrique, 4. — Hôtel-de-Ville, Particuliers, 3. — Salle Barthélemy, 4. — Funambules. — Pré-Catelan. — Montmartre, Batignolles, Belleville, 4. — 40 p.

PROJETS DE THÉATRE A PARIS.

27 Projets d'Opéra au Carrousel, plans des coupes et différents étages. 12 p.

28 Autres dessins gravés. 19 pièces, de 1764 à nos jours.

29 Projets d'emplacements de 1781 à nos jours, dessins et gravés. 26 p.

30 Dessins, 2, projets rue du Mail? — Théâtre Circulaire, 3 dessins. — Rue des Fossés-Montmartre, 5 dessins. 10 p.

31 Divers projets, de 1798 à nos jours. 24 p.

32 Projets rue des Bons-Enfants, dessins originaux de Brongniart. 9 p.

33 Projets de M. Greterin, élève de M. Labrousse, 6. Théâtre-Bourgeois, rue Plumet. 5 dessins portefeuille Brongniart. — Projet d'Odéon, 2. — D.. Cirques. 5 dessins et gravés. 18 p.

DÉPARTEMENTS.

34 Plan général de la ville d'Aiguemortes, aquarelle. — Théâtre Impérial d'Alger, photographie. — Théâtre d'Avignon, vues et plan, dessin. 4 p. — 6 p.

35 Bayonne, dessin et lithog., 3. — Besançon, dessins et gravés, 9. — Et le grand plan de la ville. — 13 p.

36 **Bordeaux**. Grand-Théâtre, dessins, gravé et lithog., vues, plans, etc., 24 p., et le grand plan de la ville.

37 — Projets de théâtres, par Brongniart, 8 dessins. — Théâtre des Sans-Culottes, 3 dessins. — Français, 2. — 13 p.

38 Bourges, plan de la ville. — Caen, 3 dessins à la plume. — Chalons-sur-Marne, dessin de Contant et autres, 5. — Chambéry. — Choisy-le-Roy, ancien Th. — Colmar, 3 calques. — Colonies-Françaises. Compiègne, 4. — 19 p.

39 **Dijon**. Dessins, calques, vues et plans gravés et lithog. 26 p., et le grand plan de la ville.

40 Dunkerque, 2 plans de la ville. — Épernay? — Fontainebleau, aquarelle, dessins et gravés, 7. — Gueret, 5. — Honfleur, plan de la ville. — 16 p.

Reilly, 3/

Reilly, 1

Reilly & Cie Normand 25

S. Fleury 3 Léon

[illegible] 20

41 **Le Havre**, plan de la ville, vues du Théâtre et dessins, détails de plans. 8 p. — Cinq très-grands dessins, plans des planchers, machines du cintre, etc. 13 p.

42 Laon, 3 dessins, plan et coupe du Théâtre. — Lausanne (Suisse). plan de la ville. — Lille, plan de la ville, dessins de plans, vues, etc., 10 — Limoges, 2 dessins, plans. — Loches, 8 dessins, calques. — 24 p.

43 **Lyon**, plans de la ville, dessins, calques, plans divers. 29 p.

44 **Marseille**, plan de la ville, dessins, plans et vues du théâtre. 16 p.

45 Meaux, théâtre, 6 dessins, plans. — Morlaix, 3. — Moulins, 5. — 14 p.

46 Nantes, vue de la place Graslin en couleur, par Descourtis, et autres, 3 p. — Nismes, lithog. coloriée. — Petit-Bourg, 2 dessins. — Poitiers, plan de la ville. — Rennes, 3 plans, dessins et vue lithog. coul., 4. — Romorantin. — Rouen, plan de la ville. — Saint-Cloud, machine et plan, 2. — Saintes. 16 p.

47 **Reims**, plan de la ville, 19 dessins, plans du théâtre, coupe, aquarelles, etc. 20 p

48 Saint-Germain-en-Laye. Dessins et calques, plans du théâtre, par Bourla, 12. — Strasbourg, vue et 7 dessins, coupes et plans, 8. — Toulouse, 4. — Valenciennes. — 25 p.

49 **Versailles**, plan de la ville, spectacle du Manége, 1745, Théâtre du Château, projets de la ville, de l'Opéra, Trianon, gravés, dessins, aquarelles, calques, etc. 31 p.

THÉATRES ÉTRANGERS

ITALIE.

50 **Venise.** Saint Jean Chrysostôme, 3 dessins. — Saint Samuel, 4. — Saint Benedetto, 1782. — La Fenice, 6. — Plans, coupes, dessins et aquarelles. — 14 p.

51 Padoue, 4. — Vicence, Th.-Olympique, 6. — Vérone. — Trieste, 2. — 13 p., dessins, aquarelles et gravés.

52 **Turin.** Théâtre-Royal, plan, etc. 17 p., dessins et gravé.

53 **Milan.** La Scala, vue intérieure, aquarelle, extérieure, plans et détails, 20. — La Conobbiana. — Philo-Dramatique, ancien théâtre, etc. 29 p.

54 Fano, ancien théâtre, 3. — Naples, vues, plans et dessins, 23. — Salerne. — 27 p.

55 **Rome**, plan de la ville, Th. Aliberti, 12. — Provisoire. — Tordinona, etc., 6. — 19 dessins et gravés.

56 Gênes, plan de la ville et plans, coupes des théâtres, 11. — Livourne, plan et vues de la ville. — Parme, ancien et nouveau théâtre, 13. — 25 p.

57 Plaisance, 6 dessins. — Reggio, 3. — Florence, 6. Palerme. — Nice. — 17 p.

ANGLETERRE.

58 **Londres**, anciens théâtres, 4. — Duke' s Theatre, 4. — Sadler' s Wells. — Godman' s Fields. — Projet d'opéra, 3. — Autre projet, 6. — Adelphi, 2. Strand. — 22 p.

Bernard 25

59 — Covent-Garden, Scènes, incendie, bal, banquet, etc. 24 p.

60 — Kings' s Theatre, Her Majesty's. 18. — Incendie new Brunswik, 2. — Olympic, 4. — 24 p.

61 — Drury-Lane, 17. — Westminster Bridge. — Lyceum, 7. — Diorama. — 25 p.

62 — Haymarket, 10. — Astley' s Amphitheatre, 5. — Royal-Cobourg, 4. — Pantheon-Theatre, 4. — At Court, 2. — Ranelagh. — Surrey-Theatre, 2. — 28 p.

63 Dublin. — Edimburg. — Limerich, 2. — Liverpool, 3. — Oxford, 2. — Plymouth. — Philadelphie. — 11 p.

ALLEMAGNE.

64 Mayence, 4 dessins. — Munich, 8. — Hambourg, plan de la ville et théâtre, 7. — Bâle. — Aachem. — Aix-la-Chapelle. — Manheim. — 23 p.

65 **Berlin**. Opera, 11. — Nouveau-Théâtre, 5. — Kônigstadt. — 16 p.

66 **Vienne** (Autriche). Pte. Carinthie, 9. — Projet Carli, 7. — 16 p.

67 Stuttgardt. — Dresde, 10 dessins Contant et autres, 13. — Carlsruhe, 2. — Darmstadt, 3. — Hanovre. — 20 p.

BELGIQUE, HOLLANDE.

68 Anvers. plan de la ville, dessins, plans et détails, 17. — Liège, plans et élévation, 6. — Bruxelles, 4. 27 p.

69 Gand, 21 dessins, plans et élévation. — Amsterdam, plan de la ville et vues intérieure et exterieure du théâtre, 5. — 26 p.

RUSSIE, POLOGNE.

70 Tifflis. — Odessa. — Varsovie, plan de la ville, vues du grand théâtre, 3. — Saint-Pétersbourg, plans de la ville, vues et plans des divers théâtres, 22. — Moscou, plan de la ville et vue du théâtre, 2. — 29 p.

SUÈDE, NORVÈGE.

71 Christiana, 5 dessins. — Copenhague, 8 dessins. — 13 p.

ESPAGNE, PORTUGAL ET AUTRES.

72 Barcelone, 6. — Madrid, 2. — Lisbonne, 9. — Pera. — Japon, 2. — Amérique. 3. — 23 p.

THÉATRES INCONNUS.

73 Etudes, théâtres circulaires, divers plans, coupes, élévations, machines, dessins de *Brongniart* et autres. 110 p. Sera divisé.

DÉCORATIONS.

ANCIENS DÉCORS.

74 Décorations par les frères Galliari, gravées par Rados. 6 p.

75 — par les Bibiena pour divers théâtres. 29 p.

76 — par les Mauro, gravées par divers. 7 p.

77 — par Vincenzo Mazzi, 1776. 15 p.

78 — Forti, 2. — Martial Desbois, d'ap. Bibiena, 2. Ugolinus, 2. — Jesi et autres. 14 p.

79 — de l'ancien Théâtre-Italien, à Vienne, par Burnacini. 16 p. 13 . 50

80 — par divers, anciens et Th. d'Enfant moderne. 19 p. dont 3 dessins. 3 50

80 bis. — Détails de machines pour les décorations, environ 140 p. réunies dans un portefeuille. 8 50

OPÉRA A PARIS.

SCÈNES THÉATRALES, COSTUMES,

81 **Opéra**. Scènes et décorations anciennes et autres. 23 p. 4 50

82 — Costumes des ballets anciens. 22 p. 3

83 — Ballet du Carnaval du Parnasse, par Basan, d'ap. Saint-Aubin. 9

84 — Dauberval et Mlle Allard, d'ap. Carmontelle. 2 50

85 — Décoration, Maquette originale, de Cicéri le père. Sépia. 7

86 — Costumes modernes et décors, scènes, la Vestale. — Olympie, 6. — Carnaval de Venise. — Cendrillon. — Pharamond, 6. — Alfred. — Moïse, 8. — Joconde, 2. — La Muette, 5. — Comte Ory. — Guillaume-Tell, 7. — Bayadère, 2. — Philtre. — Robert, 3. — Sylphide, 4. — Tentation, 6. — Serment. — Gustave III, 24. — Danseurs espagnols, 2. — La Juive, 8. — Huguenots, 9. — Diable-Boîteux, 12. — Fille du Danube, 7. — Esmeralda. — Benvenuto. — Stradella, 2. — Guido et Ginevra, 10. — Lac des fées. — Drapier. — Le Diable-Amoureux, 3. — Favorite, 2. — Freyschutz, 5. — Reine de Chypre. — Peri, 2. — Jolie fille de Gand. — Charles VI, 4. — Don Sébastien. — Le Diable à Quatre, 3. — Étoile de Séville. — Paquita, 4. — Robert Bruce, 3. — Ozaï. — Fille de Marbre, 4. — Jérusalem, 4. — Violon du Diable. — Prophète, 3. — Filleule des Fées. — Enfant Prodigue, 2. — Corbeille d'Oranges. — Juif Errant, 2. — Elia et Misis. Orfa. — La Fonti, 2. — Romeo. — Pierre de Médicis, 5. — Sacountala. — Billets, charges, etc., 7. — 200 p. Sera divisé. 35

OPÉRA COMIQUE.

87 **Opéra-Comique**. Grande pièce, chez *Bonnart*. En couleur, rehaussé d'or. Très-rare.

88 — La Guinguette. Gravé par Basan, d'ap. Saint-Aubin.

89 — Cendrillon. — Les Cendrillons, 2 aquarelles.

90 — Zémire et Azor. — Régiment de la Calotte. — Le Bûcheron, 6. — Annette et Lubin, en couleur. Les Petits Savoyards, en couleur. — Blaise le Savetier, 4. — Chapitre Second. — Sylvain, 2. — La Fenêtre secrète. — L'Homme sans façon. — Marie. — Rose-Blanche et Rose-Rouge. — Mazaniello. — Le Premier Venu. — Joseph. — Bergère châtelaine, 2. — Guillaume-Tell, 2. — Jardinier et son seigneur, 3. — Diamants de la Couronne. 2. Puits d'Amour. — Colporteur. — Deux Nuits. — L'Illusion. — Dilanowa, 2. — Perruquier de la Régence. — Zanetta, 2. — Françoise de Foix, 4. — La Part du Diable. — Fra Diavolo. — Chaperons Blancs. Ninon, 4. — Valentine. — L'an Mil. — Chaperon Rouge. — Dame Blanche, 2. — Coq de Village. — Caïd. — Ne Touchez pas à la reine, 2. — Déserteur, — Postillon de Longjumeau. — Domino Noir. — Syrène. — Barcarole, 2. — Marguerite. — La Tonelli. — L'Andalouse. — Moissonneuse. — Carillonneur de Bruges, 2. — Farfadet, 2. — Moulin Joli. — Porcherons, 2. — Père Gaillard, 4. — Noces de Jeannette. — Croix de Marie, 3. — Poupée de Nuremberg, 2. — Mousquetaires de la Reine, 5. — Étoile du Nord. — Marco Spada, 2. — Galathée, 2. — Carnaval de Venise. — Don Gregorio, 2. — Château de Barbe-Bleue, — et autres. 105 p.

Détail 135

Détail 70

91 **Théâtre-Lyrique.** Costumes et scènes, la Perle du Brésil; 2. — Si j'étais Roi, 2. — Noces de Figaro, 2. — Reine Topaze. — Demoiselle d'Honneur. — Orphée, 2. — Bijou Perdu. — Roi des Halles, 2. — 13 p.

92 **Bouffes-Parisiens.** Scènes. 11 p.

ANCIEN THÉATRE FRANÇAIS.

93 **Hôtel d'argent** *ou* **Théâtre du Marais.** Le Capitaine Fracasse, Turlupin (*Henri Legrand*), Gros-Guillaume (*Robert Gucrin*), Gaultier Garguille (*Hugues Gueru*), tous trois ex-garçons boulangers, sê firent comédiens ; leurs farces eurent un très-grand succès. Pièce longue en travers, très-rare et curieuse, avec marge; bonne condition. *P. Mariette ex.*

94 **Ostel de Bourgogne.** Scène des six personnages, par *Abraham Bosse*, chez Leblond. Très-belle ép., rare.

THÉATRE FRANÇAIS, ODÉON.

95 Ancien théâtre, hôtel de Bourgogne, diverses réunions de portraits des sociétaires, etc. 12 p.

96 L'Amour au Théâtre-Français, par Cochin. — Le Théâtre-Français, par Liotard. — Spectacle-Français, par Dupin. 3 p., d'ap. Watteau.

97 **Affiche.** Les Comédiens ordinaires du roi, 9 novembre, 1778, etc. Extrêmement rare.

98 Le Glorieux. — Le Philosophe marié. — 2 p. par Dupuis, d'ap. Lancret.

99 **Corneille.** Scènes et costumes. 5 p.

100 **Racine,** Scènes, théâtrales. 51 p.

101 **Molière.** Le Malade imaginaire, d'ap. Troost.

102 — M. de Pourceaugnac, par Joullain, d'ap. Coypel.

103 — Georges Dandin, par Joullain, d'ap. Coypel.

104 — Costumes et scènes théâtrales, 82 p. d'ap. Boucher, Moreau et autres.

105 **Voltaire**. Scènes théâtrales. 79 p.

106 **Crebillon**. Scènes théâtrales. 8 p.

107 **Beaumarchais**. Scènes et costumes, 12 p.

108 **Etienne**. Caricatures sur Conaxa, noir et couleur. 11 p. rares.

109 Auteurs divers. Florian, Casimir Delavigne, Scribe, Victor Hugo, Dumas, et autres, scènes et costumes. 139 p. noir et couleur.

110 Scènes théâtrales de Lekain, Molé, Préville, Brizard, Larive, Clairon, Dumenil, Raucourt, Bellecourt, Saintval, etc. Coloris et noir. 17 petites pièces.

AUTRES THÉATRES DE PARIS.

111 **Théâtre-Montansier**. La Famille des Innocents, 4 dessins aquarelles et 2 gravures coloriées. Palais-Royal, Scènes, costumes et charges. 16 p. — 20 p.

112 Théâtre des Panoramas, Renaissance, Feydeau, costumes et décorations. 8 p.

113 **Vaudeville**. Scènes et costumes. 36 p.

114 **Gymnase**. Scènes, costumes, charges. 51 p.

115 **Variétés**. Potier, rôle du Beau Narcisse. Scène, dessin au bistre.

116 — Costumes, scènes et charges. 29 p.

117 **Porte-Saint-Martin**. Scènes, costumes. 65 p.

118 **Gaîté**. Scènes et costumes. 20 p.

119 **Ambigu-Comique**. Scènes et costumes. 26 p.

120 Théâtres du Luxembourg. — Porte-Saint-Antoine. — Folies-Dramatiques. — Délassements. — Bouffes américains. — La Gallegada. — Divers. — 18 p.

121 **Cirque**. Costumes et scènes. 15 p.

122 Cirque-Équestre. 8 p. dont 3 dessins-aquarelles.
123 Hippodrome. Scènes coloriées. 6 p.
124 Curiosités, Oiseaux savants, Laroche, etc. 29 p.

THÉATRE ANGLAIS.

SCÈNES ET PORTRAITS.

125 Ancien Théâtre Armin. — Bond. — Tarleton, etc. 5 p.

126 **Shakespeare** (Scènes) : Garrick. — Cymbeline. — Portia et Bassanio. — Marchand de Venise. — Othello. — Hamlet. — Roméo et Juliette. — Et autres. — 40 p.

127 Scènes diverses, 8. — Caricatures, Mœurs théâtrales, 8. — 16 p.

128 Young Roscius. — Rich Arlequin, 1753. — Et autres. — 10 p.

129 Smithson (Miss), 3. — Foote, 3. — Sutton. — Et autres. 16 p.

130 Hill, 2. — Bennett. — Matheus. — Abbott, 2. — Kean, 3. — Garrick, 8. — Kemble (J. P.), 2. — C. Kemble, 5. — Holman. — Et autres. — 27 p.

THÉATRE ALLEMAND.

131 Dresde, ancienne décoration de Bibiena. — Munich, Bibiena et Santurini, 6. — Le Berger fidéle. — Scènes diverses, 12. — 20 p.

132 Heurteur. — Schmidtman, 2. — Autres, 11. — Costumes, 3. — Adamberger. — Jeanne Sacco. — 19 p.

THÉATRE HOLLANDAIS.

133 Amsterdam, 5 décorations. — Charles Passé, en pied, avant la lettre. — 6 p.

THÉATRE ITALIEN.

134 Florence, décorations de Callot, 3. — Canta Gallina, etc., 5. — 8 p.

135 Acteurs et actrices italiens. 14 portraits.

136 Scènes diverses, 7. — Balli di Sfessania, 19. — Aminta, 6. — 33 p.

137 **Comedie-Italienne** de Paris, chez *Bonnart*. Grande pièce en couleur, rehaussée d'or. Très-rare.

138 Costumes : Colombine, Scapin, Gherardi, Carlin, Mezetin, scènes et autres. 21 p.

139 Arlequin, Mezetin, Scaramouche, le Docteur. 4 p. rares.

140 Arlequin, Briguelle, Scaramouche, Trivelin, Capitan, etc. 8 p. rares.

141 Colombine, avocat pour et contre. Gravé par *Gillot*. Pièce curieuse et rare.

142 Acteurs de la Comédie Italienne ; ces habits sont italiens. Gravé à l'eau-forte par *Watteau* et retouché au burin, par Simoneau. Ép. avec marges, rare.

143 Réductions d'ap. Watteau. 4 petites pièces.

144 Arlequin, Pierrot et Scapin, par Surugue. — Comédiens italiens. 2 p. d'ap. Watteau.

145 L'Amour au Théâtre-Italien. Belle pièce par Cochin, d'ap. Watteau.

146 Départ des Comédiens italiens en 1697. par L. Jacob, d'ap. Watteau. Très-belle pièce.

147 **Ristori** (Mme) dans Mirra, Medée, Phèdre, Marie-Stuart et autres. 11 portraits-costumes.

148 Décors de Torelli pour Vénus Jalouse, 11. — Pour *la Finta Pazza*, (premier opéra donné à Paris), 4. — 15 p.

149 Opéra italien. Scènes, costumes, caricatures, décors. 16 p.

13
116
14
99

150 Décors de Ferri. 8 p. Chine noir et rehaussées de couleur.

151 Décors de Carlomagno. 10 p. de Michetti. — Scènes d'anciens opéras, 3. — Portraits d'artistes, 13. — Scènes Fidelio, etc. 20 p.

COSTUMES

PAR PAYS.

152 **Italie.** Anciens et modernes, noir et couleur. 26 p.

153 — Choix de costumes gravés d'ap. G. Scheffer, coloriés. 16 p.

154 **Espagne**, par Deveria, en couleur, 15, et autres. 50 p.

155 **Grèce**, par Devéria, en couleur, et autres. 13 p.

156 **Russie.** Anciens, Devéria, coloriés, etc. 9 p.

157 **Allemagne.** La plupart coloriés. 18 p.

158 **Suisse**, par Devéria, et autres, coloriés. 17 p.

159 **Angleterre**, Écosse, coloriés. 12 p.

160 **Orientaux**, Arabes, Turcs, **Asie**, Perses, Chinois, **Amérique**, etc. 42 p.

COSTUMES DE FANTAISIE.

161 Musée de costumes, bals de Paris, travestissements, par Gavarni, et autres; la plupart coloriés. 190 p. Sera divisé.

COSTUMES HISTORIQUES.

162 De Clovis à François Ier, par Devéria, Hip. Lecomte, Lanté, et autres; la plupart coloriés. 129 p. Sera divisé.

163 — de François Ier à Louis XIII, tirés de Montfaucon, Lanté, galerie de costumes, et par Devéria, coloriés; la plupart costumes de femmes. 113 p. Sera divisé.

164 — Règnes de Louis XIII. — Louis XIV, duchesse de Bourgogne, duchesse de Vendôme. Chez Mariette, coloriées. Louis XV, arquebusiers de Grassin, 1744; Bretons volontaires, 1746; Croates, fusiliers de montagnes, de la Morlière, d'ap. Larue, et autres militaires. Costumes de dames, XVIIIe siècle, de Leclerc et autres; galerie et musée royal de costumes, en couleur, par Devéria, Lanté, Hip. Lecomte, 1790. Législateur, et autre, par Denon, d'ap. David, etc. jusqu'à 1799.— 125 p. Sera divisé.

165 — Costumes parisiens, an VIII jusqu'à l'an XIV. — 26 p.

166 — parisiens, 1806 à 1821, par Vernet et autres.— 37 p.

167 — 1815. Costumes militaires, de cour, Fonctionnaires, Meubles, Modes, Follet, Bon-ton, Paris-Élégant, Courrier des Dames, Moniteur de la Mode et autres, jusqu'à 1860. — 192 p. Pourra être divisé.

168 Costumes, Portraits en pied par *Janinet*, en couleur : Babet, Carlin, Carline, Cheron 2, Mme Dugazon, Edouard, Fleuri, Lainez, Larive 2, Maillard, Molé, Naudé, Raucourt, Saint-Fal, Saint-Huberti, Saint-Prix, Sargine, Tue, Vanhove, Mme Vestris.— 22 p. Pourra être divisé.

169 Petits costumes de théâtre représentant les principaux acteurs et actrices, noir et couleur. 32 p.

PORTRAITS

CHANTEURS.

170 Adrien — Alexis — Alizard — Anconi — Aniel — Audran. — 14 portraits et costumes en pied coloriés.

Dub. Det. tháng 15

[illegible]

[illegible]

[illegible]

Dub. Det. tháng 10.

171 **Arnaud** (Giacomo). Lithog. in-fol. par Guilleminot, avec dédicace.

172 Badiali. — Carlo Balestra-Galli, avec dédicace signée. 2 p.

173 **Barilli** (Luigi). 2 portraits et 3 costumes coloriés.

174 **Baroilhet**. 2 port. et 9 costumes coloriés et charge.

175 Bassi. — Bataille. — Batiste. — Belnie. — Belzoni. — Bessin. — 17 portr. et costumes.

176 Bettini (Geremia). Lithog. in-fol. — Bonel. — Bordogni. — Bottelli. — Bouchet. — Boulard. — Boulo. — Bremont. — G.-B. Brocchi. — Bussine. 23 portr. et costumes.

177 **Chenard**. 6 port. et 5 costumes, noir et couleur. 11 p.

178 **Chollet**. Portrait et costumes, dont un dessin. 32 p.

179 **Concialini** (J.-C.), premier chanteur du roi de Prusse, gravé par Henne, 1784. In-4, rare.

180 **Couderc**. 17 costumes coloriés et charge.

181 **Crivelli** (Gaetano). 2 portraits différents, par Rados.

182 Canaple. — Chaix. — Chenets. — Cheron. — Ciatfei. — Cipriani. — Clairval. — 7 portr. et costumes.

183 **Dabadie**. Portrait et costumes. 7 p.

184 Davide. — De Begnis, port. et costumes. 6 p.

185 Darancourt. — Darcier. — De Grecis. — Delaistre. 9 p.

186 **Derivis** père et fils. 23 port. et costumes.

187 Deslandes. — Donzelli. — Dozainville. — Dupont. — 8 p.

188 **Duprez**. 10 portraits et 15 costumes et charges. 25 p.

189 **Elleviou**. 3 port. et 4 costumes. 7 p.

190 Elisi. — Eloi. — Emon. — Euzet. — 4 costumes.

191 **Farinelli** (Carlo Broschi, dit), en pied. In-fol. par Wagner, très-rare.

192 Fargueil, 3. — Faure, 1. — Féréol, 15. — Firmin, 1. — Flachat. in-fol. — Fleury. — 22 p.

193 **Gardoni.** In-fol. Lith. de Beaugniet, avec dédicace, signée, et costumes coloriés. 3 p.

194 Galli. — Garcia. — Gassier. — Gastaldi. 6 port. et costumes.

195 **Gavaudan.** 2 port. et 6 costumes. 8 p.

196 **Gizziello** (Gioacchino Conti). 2 portraits, rares.

197 **Grignon.** In-fol. et 4 costumes coloriés. — 5 p.

198 Genot. — Godefroy. — Grard, 5. — Graziani, 3. — Gueymard, 2. — 12 p.

199 **Henri.** 17 costumes dont un dessin aquarelle.

200 Herman Léon, 7. — Huet, 13. — Hurteaux. — 21 p.

201 Inchindi, 3. — Ivanoff. — Jansenne, 6. — Jeliotte, 3. — Jourdan, 2. — Juliet, 5. — Junca. 2. 22 port. et costumes.

202 Kelm. — Laborde. — Lafeuillade, 4. — Lafond, 5. — Laisnez, 2. — 13 p.

203 **Lablache,** par Devéria, par Salabert, buste et pied, Chalon, et autres en costumes. — 13 p.

204 **Lablache** (Frédéric). In-fol. par Morosini.

205 **Laruette,** d'ap. Monnet. In-4 et autre. — 2 p.

206 **Latour** (Armand), par Lassouquière. In-fol. Chine.

207 Laurent, 2. — Lavigne, 4. — Lays, 3. — Leclerc, 2. Legros (Bernard). — Léon. — Lesage, 4. — 17 p.

208 **Lemonnier.** Port. et costumes coloriés. 17 p.

209 **Levasseur.** Port., costumes et charge. 18 p.

210 **Lucchesi** (Joseph), par Lefmann. In-fol. Chine, avec dédicace.

211 **Malvezzi** (Settimio), Madrid, 1855. Lithog. in-fol. Chine.

Fonction Farquit

212 Magliano. — Marchesi. — Marié, 2. — Mario di Candia, 4. — Martin, 6. — 14 p.

213 Masset, 6. — Massol, 11. — Meillet. — 18 p.

214 **Menier** (Joseph), en couleur, par Coutelier. Toute marge.

215 Merly. — Michel. — Mocker, 10. — Montaubry. — Montjauze, 2. — Moreau, 4. — Moreau-Sainti, 4. — Morelli. — Moriani. — 25 p.

216 **Nerini** (Gian-Carlo). Lith. in-fol. Chine, avec dédicace.

217 **Nourrit** (Adolphe) fils et son père. 32 portraits et costumes.

218 Naldi, 2. — Oblin, 4. — 6 p.

219 **Ponchard.** 5 portraits et 8 costumes et charges. 13 p.

220 Paccini (Luigi.) — Paessler. — Pantaleoni. — Parré. — Paul, 4. — Pellegrini. — Philippe. — Porthaut. — Piermarini. — Poultier, 2. — Prevost, 5. — Profeti. — 20 p.

221 Raffanelli. — Ranfagna. — Revial, 4. — Ricquier, 4. — D. Ronconi. — G. Ronconi, 2. — Roy, 4. — 17 p.

222 **Roger**, par Planas. In-fol. — Alophe et autres. 7 port. et 21 costumes. 28 p.

223 **Rubini**, par Devéria, Chalon, Maurin et autres. 6 p.

224 Saint-Aubin, 2. — Sainte-Foy, 4. — Santini, 2. — *Senesino.* — Serda, 3. — 12 p.

225 **Tagliafico.** Lithog. in-fol., par Alophe. 2 p.

226 **Tamburini**, par Devéria, Llanta, Lasouquère, Gallina, Luchini, Cardon et autres. 8 p.

227 Talon. — Tamberlich. — Thénard, 6. — Tramezzani. — 9 p.

228 Valère, 5. — G.-B. Verger. — Vial. — Vizentini, 9. Wartel, 3. — Zucchelli, 2. — Zuccoli. — 22 p.

CANTATRICES.

229 **Albertazzi**, par Bayot, Fechner, etc. 4 port.

230 **Alboni**, par Léon Noel, Posselwite, Greppi et autres. 8 p.

231 Albarelli-Vordi. — Albert. 3. — Albertini. — Almonti. — Sophie Arnould, 5. — Amigo. — Francesca Auriol. — 13 p.

232 **Barilli**. Costume en pied, en couleur.

233 **Borghi-Mamo**, par Desmaisons et par Pottin, avec dédicace, signée. 2 p.

234 **Boulanger**. 6 port. et 22 costumes. 28 p.

235 **Branchu**. 4 port. et 4 costumes. 8 p.

236 Beaumenil. — Belmont, 3. — Berthault, 10. — Bertinotti. — Bianchi. — Blanchard. — 17 p.

237 Bonnet. — Borde. — Borghèse. — Angelina Bosio, 2. — Boulard, 3. — Bouvroy, 2. — Teresa et Mariette Brambilla. — Brugnoli. — 13 p.

238 Cabel (Marie), 4. — L. Caldarini. — Canzi. — Camoin. — Capdeville. — Casimir, 7. — Caspani. — Castellan. — 17 p.

239 **Caradori**, en pied, in-fol., par Baugniet et par Lane. 2 p.

240 **Catalani**. 5 portraits gravés, in-4 et in-fol.

241 Césari. — Isabelle Colbran Rossini, 2. — 3 p.

242 **Colombe**, par Coutelier, en couleur et en pied. 3 p.

243 **Colon** (Jenny). 2 port. et 23 costumes. 25 p.

244 Colson, 5. — Corradi. — Cortesi. — Cretu, 2. — 9 p.

245 **Cruvelli** (Sophie), par Lemoine, Wogt., etc. 4 p.

246 Dabadie, 5. — Dameron, 3. — 8 p.

247 **Damoreau-Cinti**. 9 port. et 22 costumes. 31 p.

Dubeau Vard 3.

Gel 2
Casimir

Gel. 9
5 feuilles /

1	Titre etc	Destailleur	7
33	Caen 3 p.	O'Reilly	2
40	Honfleur 1 p.	O'Reilly	1
42	Laon 3 p.	E. Fleury	1
47	Reims 20 p.	Saubinet	5
48	St Germain en Laye		3
97	Affiche	Destailleur	15
131	Bibiena	Girardot	2
164	14 p.	Dubois de l'Estang	11
165	15 Costumes Parisiens	Jumelle	16
166	37 D°	Jumelle	15
167	17 Militaires	Dubois de l'Estang	3
168	22 Janinet		3
181	2 Crivelli	Lachapelle	1
186	Deveria 23 p.		2
205	Lanette		1
210. 211, 212.	16 p. Mario etc		2
219	Ponchard 13 p.		1 50
220	20 p. 2 Boulter	O'Reilly	2
223	Rubini 6 p.		1
225. 226.	Taglioni, Tamburini 10 p.		1
229	Albertazzi	Dubeau	2
d°			1
230	Alboni		1 50
238	Casimir	Gellebert	1
240	Catalani		1
245	Cruvelli		2
247	Damoreau 12 p.	Gellebert	4
262	Grisi chalon	Gellebert	1
	d°. 12 p.		1 50
267	Laborde	Gellebert	1
268	Lachanterie		1
			113

		Report	113	..
269	Lagrange	Gellibert	2	
275	Malibran 6p.	Gellibert	2	
	d° 5p.		1	
276	Mainvielle etc 15p.		2	
279	Montano		1	
283	Pradher Vigneron	Gellibert	1	
286	Bonvoy	Gellibert	1	
290	St Aubin Cendrillon		2	
295	Viardot Vidauman	Gellibert Lachapelle	1	
301	Baptiste	Dennaussion	11	
307	Boccage	O'Reilly	3	
316	Deburean 24 p.		2	
325	Grasset 6p.		1	
407	Marie duplessis	Dubeau	1	
			144	
			7	20
			151	20

Gel. 3
Coulomb

Gel. 3

Gel. 4
a Lagrange

248 **Darcier**. 16 costumes coloriés.

249 Decroix, 4. — Delille, 2. — Desbrosses, 6. — 12 p.

250 **Dorus-Gras**. 3 port. et 18 costumes. 21 p.

251 Descot. — Duez. — Dugazon, 5. — Caroline Duprez, 7. — 14 p.

252 **Eckerlin**. Par Devéria, in-fol., avant la lettre chine.

253 **Falcon**. In-fol , par Grevedon, Devéria, etc. 19 p.

254 **Falconi**. In-fol., par Desmaison et autres. 2 p.

255 **Favanti** (Rita). In-fol., avant toute lettre.

256 **Favart**. Par Chenu et autres. 3 p.

257 Favelli, 2. — Ferlendis. — Festa Maffei. — Fiorentini. — Flecheux, 3. — 8 p.

258 Gafforini. — Josefa Garcia. — Eugénie Garcia, 2. — Gassier. — Grimm. — Guemard-Lauters, 2. — 8 p.

259 **Gavaudan**. 2 port. et cinq costumes. 7 p.

260 **Grassari**. 3 port. et 6 costumes. 9 p.

261 **Grassini**. In-fol. gravé par Reynolds, en couleur. — La même, en noir, et autres. 3 p.

262 **Grisi** (Julie), d'ap. Bouchot, Chalon, par Negelen, à Londres. 5 port. et 6 costumes. par Deveria, avec sa sœur. 13 p.

263 Haitzinger, par Vigneron. — Hayes. — Heinefetter. 3 p.

264 **Jawureck**, de Grevedon et 4 costumes. 5 p.

265 **Julian** van Gelder. Port. et 2 costumes. 3 p.

266 **Jullien**. Par Coutelier, gravée en couleur.

267 **Laborde**. In-fol. par Roberti, sur chine.

268 **Lachanterie**, d'ap. Pierre, par Gilbert. In-fol., sanguine.

269 Lacroix. — De Lagrange. — Lagrange. — Lagrua, 3. — Lafont. — Méric Lalande, 2. Demeri. — Launer. 11 p.

270 Lavoie (Louise et Marie). Costumes, 13. A. Lebrun. — Letellier. — Leclerc. — Leclère. 17 p.

272 **Lefèvre**. 2 port. et 10 costumes. 12 p.

273 Lemercier, 6 cost. — Lemonnier, port. et 5 cost. 12 p.

274 **Lind** (Jenny). In-fol., noir et coul., in-4 et in-8. 8 p.

275 **Malibran**. Par Grevedon, Tassaert, Turner, Devéria, etc. 11 p.

276 Mainvielle Fodor, 4. — Mallet. — Mara. — Marcolini. — Margueron. — Marie. — Masson, 3. — Massy, 3. — 15 p.

277 **Medori** (J.) dans *Norma* et photographie. 2 p.

278 Melas. — Meyer, 2. — Miolan-Carvalho, 8. — Monbelli, 2. 13 p.

279 Monanni. — Montano, 4. — Nantier, — Didiée, photog. 6 p.

280 Morandi, 2. — More, 2. — Mori. — Morello. — Nau, 7. — Olivier. 14 p.

281 **Pasta**, par H. Dupont, Aubry-Lecomte, Belliard, Dupré, Hayter, Maurin et autres publiés en Italie. 16 p.

282 Paul, 4. — Paulin, 2. — Pilar Pavia. — Pelissier. — Persiani, 7. — Philipps. — Piccolomini, 2. — Picquet. — Ponchard mère, 3. — Ponchard d'Albert. — Potier, 2. En tout 25 port. et cost.

283 **Pradher**. Par Vigneron. 3 port. et 26 costumes. 29 p.

284 **Prevost**. 26 port. et costumes. — Quiney. 27 p.

285 **Riboidi**, 2 p., rares et fort remarquables entourées d'ornements rocaille. — Rizzoli. 3 p.

286 Revilly, 8 cost. — Riffaut, 2. — Rigaud Pallar. — Rigaut, 10. — De Roissy. — Ronzi de Begnis, 2. — Rossi, 7. — Rouillé. — Rouvray. 33 p.

287 Sabatier. — Sanchioli, par Roberti. — Schiassetti. — Schneider. — Schroeder-Devrient, 2. — 6 p.

Gel. 6
6. Malibran

Dubeau 5.

Gel. 2
Vigneron

Gel. 1
Ronvray

Wideman

Viardot

288 **Sontag**. Par Girard, en couleur, Grevedon, Maurin, Nehrlich, Vigneron, et 3 costumes 8 p.

289 **Stolz**. In-fol., par Baugniet et autres. 6 port. et 17 cost. 23 p.

290 **Saint-Aubin** (Mesdames). 7 port. et costumes, dont 3 dessins, genre Desrais.

291 **Saint-Huberti**. 2 portraits, profil.

292 **Thillon** (Anna), 2 port. et 16 costumes. 18 p.

293 Tedesco. — Tosi. — Treillet-Nathan, 2. — Ugalde, 10. — 14 p.

294 Vestvali, rôle de Roméo, eau-forte, in-fol, 1re épr. rare. — Saroni à New-Yorck, et autres, 8 p.

295 Viardot Garcia, par Vigneron, etc., 6. — Wideman. — Willaumi. 8 p.

ACTEURS FRANÇAIS.

296 Achard, 4 port. et 6 cost. ou charges. — Amant, 2. — Ameline. 13 p.

297 Achille. — Adolphe. — Adrien. — Alexandre, 6. — Alix. — Arnault, — Aubrée, 2. — Auguste, 4. cost. 17 p.

298 **Albert**. Port. et costumes. 14 p.

299 **Armand**. 3 port. et 9 cost. 12 p.

300 **Arnal**. 3 port. et 8 cost. et charges. 11 p.

301 **Baptiste** aîné, rôle de Robert, chefs de brigands. Gravé en couleur par Alix. *Très-rare*.

302 **Baptiste** aîné. Par Grevedon. 2 différents, vigneron et autres, 7.

303 Ballande. — Baltard. — Baptiste Cadet. — Bardou, 8. — Basnage, 5 cost. 16 p.

304 Boyrou (Michel), dit Baron, 8. — Baron, 2. — Barré. — Beauvallet, 7. — Bejart. 19 p.

305 Belmance. — Berger. — Bertier. — Beurg. — Bertin, 2. — Bignon, 2. — Bizot. — Blondin, 2. Boisselot, 2. — Paul Bondois. 14 p.

306 Eric-Bernard, 3 port. et 4 cost. 7 p. — Bernard-Léon. 7. — 14 p.

307 **Boccage.** 2 port. et 16 cost. et charge. 15 p.

308 Bosquier-Gavaudan, 2. — Bouchet. — Bousquet. — Bressant, 4. — Le petit Bretignère. — Brindeau, 5. — 14 p.

309 **Bouffé.** 2 port. et 8 cost. et charges. 10 p.

310 **Brizart.** In-fol. par Avril, en pied, par Janinet et autres. 6 p.

311 **Brunet.** Portrait, costumes et charges. 11 p.

312 Cachardy. — Camiade. — Camille, 2. — Campenault. — Carpentier, 2. — Carle. — Cartigny. — Cazot, 2. — Castellano. — Chapelle, 4. — Charle. — Chazel. 4. — 21 p.

313 **Chilly.** In-fol. et 11 costumes et charges. 12 p.

314 Cheri-Meneau, 6. — Chol. — Clarence. — Clozel, 3. — Comte. — Coquet. — Colson. — Constant. — Colombier. — Crecy, 3. — Cullier. 20 p.

315 Damas, 7. — Danterny. — Darcourt. — Daudel. — Daudé. — David, 5. — Dazincourt, 5. 21 p.

316 Debureau père, 2. — Fils, 3. — Defresne, 5. — Delmence. — Delacroix. — Delafosse, 4. — Delaistre, 8. — 24 p.

317 Desessart, 2. — Desmousseau, 6. — Delmas. — Derval, 3. — Desbirons, 2. — Deschamps. — Delaunay. — Deshayes, 3. — Dormeuil. — Dorsay. 21 p.

318 **Dugazon.** Par Duplessis, Bertaux, avant la lettre et autres. 4 p.

319 Dozainville, 2. — Drouville. — Dubois, 2. — Dubourjal, 2. — Duchaume. — Duchemin. — Dumaine, 3. — Dumilatre. — Dumoulin. — Duparai. — Dupuis, 4. — 19 p.

Reilly [illegible] costume
portrait.

[illegible] [illegible]
[illegible]

Meilly 2
Georges

320 Edouard, 5. — Emmanuel. — Ermand. — Ernest, 6. — Eugène, 2. — 15 p.

321 Febvre. — Fechter, 2. — Félix, Vaudeville, 3. — Raphaël Félix. — Ferdinand, 9. — Ferville, 3. — Fichet. — Fillion, 2. — 23 p.

322 **Firmin.** 2 port. et costumes. 12 p.

323 Fleury, 5 p. et 2 cost. — Fleury jeune. — Fontenay, 11 port. et cost. 19 p.

324 Fonbonne. — Fosse. — Fournier. — Francisque aîné, 8. — Francisque jeune, 2. — Franconi, 4. — Frenoy, 4. — 21 p.

325 **Grassot.** Portraits et costumes. 6 p.

326 **Gautier Garguille** en pied, gravure du temps. Rare.

327 **Guillot Gorju,** en pied, gravure du temps. Rare.

328 **Grandval.** Grand in-fol., par Lebas, d'ap. Lancret.

329 Gabriel. — Galland. — Gaston, 2. — Gauthier. — Gaultier Garguille, 2. — Gemma. — Geoffroy, Gymnase, 3. — Geffroy, 8. — Gerard, dessin. 20 p.

330 Georges. — Germain. — Gil-Pérès. — Gobert, 2. — Gonthier, 5. — Girel. — Gouget, 2. — Gothi. — Grailly, 3. — Grandmenil, 2. — Grandval. — Grandville, 3. — 23 p.

331 Grenier. — Grette. — Grevin, 2. — Gros-Guillaume, 2. — Guenée. — Guiaud, 2. — Guillot-Gorju. — Guyon, 9. — 19 p.

332 Hadingue. — Henri, 5 cost. — Heuzey, 3. — Hyacinthe Hoster, 3. — Hyppolite, 7. — 20 p.

333 Isambert. — Jacquinet. — Jemma, 2. — Joigny, 2. — Jouanni. — Jules Juteau. — Klein, 2. — 10 p.

334 **Joanny.** 4 port. et 12 cost. 16 p.

335 **Jodelet**, en pied. Jodelet eschappé des flammes, épr. sur vélin avec vers manuscrit. 2 p., gravures du temps. Très-rares.

336 **Joly**. Par Singry, Vigneron, 3 en pied, par C. Vernet, et 21 costumes. 26 p.

337 Lacressonnière, en pied, par Delaistre, avec dédicace, signée, costumes et charge, 5 p. — Laferrière, par L. Noel, dans le *Médecin des enfants* et autres. 8 p. — En tout, 13 p.

338 Lafargue, 4. — Laffitte. — Lafontaine, 5. — Lafosse. — Lajariette, 4. — Lajonquière. — Lambert. — Laporte, 3. — 20 p.

339 **Lafon**, des Français, 8 port. et 17 costumes 25 p.

340 **Lafont**, du Vaudeville. 2 port. et 24 costumes. 26 p.

341 Larive, 3. — Lassagne. — Latil. — Laurent, 2. Leclère, 2.—Leclercq, 2.—Lecomte. — Lefebvre. — Legrand. — Paul Legrand, à l'eau-forte, rare et autre, 2. — Lemadre. — Lemenil, 3. — 20 p.

342 **Lekain**. In-fol., par A. de Saint-Aubin, et 15 autres port., costumes. 20 p.

343 **Lemaître** (Frédéric). Portraits, costumes. 19 p.

344 Lemoine-Montigny. — Lemounier. — Léon. — Leroux, 2. — Lesueur. — Levassor, 4. — Lhéritier. — Lingé. — Lockroy, 2 port. et 6 costumes. 20 p.

345 **Lepeintre** aîné. Port. et cost., 12. — *Lepeintre* jeune. 5. — 17 p.

346 **Ligier**. 5 port., 12 cost. et charges. 17 p.

347 Maillard. — Marty, 8. — Capitan Matamore, 2. Matis, 7. — Mattheus. — Maurel. 20 p.

348 **Le Capitan Matamore**, en pied Gravure du temps.

Dielly a 2 / chaque Costumes 25 c
Potiers

D Fleury ? Lerow
[illegible]

8.50 Costume 25 Bailly [illegible]

K. B.

Lachapelle [illegible] 2

1

349 Mauzin, 2. — Menetrier, 2. — Menier, 4, dont 1 dessin. — Paulin Menier. — Menjaud, 3. — Milon, 8. 20 p.

350 **Mazurier** dans divers rôles. 7 p.

351 **Melingue.** Par Gavarni, Piot, et costumes. 20 p.

352 Michelot., port. et cost. 2. — Michot, 4. — 11 p.

353 **Monnier** (Henri). Par Gavarni, en buste et en pied, en rôle, par lui-même, etc. 5 p.

354 **Monrose** père. 4 port. et 8 cost. et charges. 12 p.

355 Moessart, 2. — Molé, 5. — Mondori. — Montdidier, 4. — Mont-Fleury. — Montigny, 6. — Molé, 2. — Montreuil. — Musard. — 23 p.

356 Neuville. — Numa, 8. — Omer. — 10 p.

357 Odry. Portraits et costumes. 11 p.

358 Palaiseau. — Parade. — Parent, 2. — Pastelot. Paul, 5. — Perey. — Perier, 6. — Perrin, 2. — 19 p.

359 **Perlet**, 2 portraits en pied par H. Vernet et Costume. 8 p.

360 Philippe Vaudeville, 7. et Porte-Saint-Martin portraits et costumes. 21 p., dont un dessin.

361 Pierron, par Lacauchie, avec dédicace signée. Pierson. Portraits et costumes, 13. — 14 p.

362 Perroud. — Pitrot, 6. — Poisson, par Edelinck et autres. 3. — Pradeau. — Prague, 2. — 13 p.

363 **Potier.** 3 port. et 10 cost. 13 p.

364 Préville, d'ap. Monnet, 6 port. et cost. 11 p. — Provost, cost. et charges, 6. — 17 p.

365 Raffile, par Colin, 3. — Randoux. — Raucourt, 6. — Ravel. — Rebard. 12 p.

366 Regnier, 4. — Renault. — Roche. — Roger, 2. Roland. — Romainville. — Romand. — Rosambeau, 2. — Rouvière, 2. — Rouget. — Rozan. 17 p.

367 **Saint-Ernest.** Port. et 7 cost. 8 p.

368 Saint Prix, 2 port. et 4 cost., 6. — Samson, 9. 15 p.

369 Saillard. — Saint-Aulaire. — Saint-Eugène, 2. — Saint-Fal. — Saint-Mar, 2. — Sainville, 2. — Serres, 3. — Sevestre, 2. — Silvestre. — Soisson. Sujol. 17 p.

370 **Surville**. Par Dollet, et 8 cost. 9 p.

371 Taigny, 6. — Taillade. — Talon, 4. — Tautin, 5. — Télémaque. 1. — 17 p.

372 **Talma**, par Aubert, Girard. Qu'en dis-tu? La Correction paternelle, portraits et costumes. Étant mort, son Tombeau. 78 p.

373 **Tiercelin**, par Jules Vernet, buste et pied, costumes. 12 p.

374 **Tisserant**, en pied, avec dédicaces signées, 3, costumes. 10 p.

375 Thénard, 8. — Therigny. — Tournon, 2. — Train. — Turlupin. 2. — 14 p.

376 Tousez (Alcide), par Gavarni et autres, 7. — Léonard Tousez. 8 p.

377 **Turlupin**. en pied, gravure du temps. Rare.

378 **Vernet**. 2 port. et cost., 6. — Vertpré, 7 cost. 13 p.

379 **Victor**. 5 port. et 6 cost. 11 p.

380 Vautrin. — Verner, 4. — Vigneaux, 3. — Villaret, 2. — Villeneuve. — Vinmer, avec dédicace signée. — Volnys, 5. — Walter. — Zampti. 19 p.

ACTRICES FRANÇAISES.

381 Abel. — Abit, 2. — Adalbert. — Adam. — Adèle. — Adolphe, 7. — 13 p.

382 **Albert**. 4 portraits et 17 costumes. 21 p.

383 Aline Duval, 2. — Allan, port. et cost., 4. — Alphonsine, 5. — Amant, 3. — Amy, 2. — 16 p.

384 **Anaïs**, par Singry, Vigneron, costumes. 12 p.

385 Andrea, 2. — Angeline. — Armande. — Astruc, 3. — Augusta. — Augustine. 9 p.

[illegible] 3/12 f 25 25 Costume 4.25

Gel. 1.50

Gel 2
Cotton, Caisot

Gel. 2
reportrait

Lerabourn 5

386 Bader. — Balthazard, 2. — Baroyer, 3. — Beaupré. — Beauval. — Bejart. — Beauchène. — Belmont, 2. — Berangère, 2. — Berry. — Berthault, 2. — 17 p.

387 Betzi. — Beuzeville. — Blès, 2. — Blosseville. — Bonval, 2. — Boisgontier. — Bourgeois. — Bras, 3. — Bressant, 3. — Edwige Brillof. 16 p.

388 **Bourgoin**. 10 port. et 2 cost. 12 p.

389 **Brocard**. 9 portraits, costumes.

390 **Brohan** mère. — Augustine. — Madeleine. — 7 port. et 16 costumes. 23 p.

391 Céleste Mogador. — Chambéry, 2. — Champmelé. — Charles C. — Charton. — Chavigny. — Cheza. — Cico, 2. — Clara, 3. — Clara Stephany, 2. 15 p.

392 Clarisse. 8. — Stella Colas, 2. — Constant. — Contat. 4. — Cosson. — Cuisot, 2. 18 p.

393 Chéri (Anna). Lesueur, 3. — Chéri (Rose), port. et cost., 16. — 19 p.

394 **Clairon**. Portraits et costumes. 13 p.

395 **Dangeville** la jeune, par Lebas, d'ap. Pater. Grand in-fol.

396 **Dejazet**, par Léon Noel, Vigneron, Gavarni, et costumes. 77 p.

397 **Doche**. Portraits et costumes. 18 p.

398 **Dorval** (Allan). Port., cost., etc. 20 p.

399 **Doze**, par Grevedon et autres, 6 p.

400 **Duchesnois**. Port., cost. et charges. 25 p.

401 **Dumenil**. In-4, chez Elluin. Rare, etc., 4 p.

402 **Dupont**. Port., cost., charges. 10 p.

403 Dupuis (Eulalie), 8. — Mad. Dupuis, Palais-Royal. 10 p. — Adèle Dupuis, Gaité, 2. — 20 p.

404 **Duthé** ? Dessin à la sanguine.

405 Dacosta, 2. — Dalby. — Daniel. — Darcey. — Danbrun. — Debrie. — Delaporte. — Delatre. — Delia, 2. — Delisle, 2. — Demerson, 3. — Denain, 3. 19 p.

406 Désirée, 4. — Deslandes. — Desmares, in-fol. par Lépicié. — Desmares, 2. — Desmousseaux, 2. — Desprez. — Despréaux, 6. — Dormeuil, 2. 19 p.

407 Dubois ancienne. — Dubois aujourd'hui. — Duchaume. — Duchemin. — Dumouchelle. — Marie Duplessy. — Lia Duport. — Durand, ancienne et moderne, 2. — Dussert, 4. — Duverger, 4. 17 p.

408 Edouard. — Eléonore, 3. — Elomire, 3. — Emilie, 2. — Emma, 2. — Escousse. — Esther, 7. — Eugénie, 2. — 21 p.

409 **Fargueil**. 2 port. et 10 cos'umes. 12 p.

410 Falcoz, 3 port. — Fanny. — Mlle Favart. — Faydi, 2. — Félicie, 2. — Sarah Félix. — Fierville. — Ferrier. — Fernand. — Figeac, 2. — Delphine Fix, 5. — 20 p.

411 Fleuriet, 2. — Fleury, 5. — Flore, 3. — Florentine. — Florville. — Forgeot, 2. — Franconi, 2. — 16 p.

412 Gail (Sophie). — Héléna Gaussin, 2. — Gautier, 9. — Genot. — Geoffroy, 3. — 16 p.

413 **Georges Weimer.** 9 portraits et 27 costumes. 36 p.

414 Georges cadette, 5. — Geranville, 2. — Gersay. — Gobert Gomard. — Gontier. — Gougibus, 2. — Grandval. — Grandville. — Grassot, 2. 17 p.

415 Grave, 7. — Grevedon, 3. — Gros, 2. — Guérin, 2. — Guichard. — Guillemin, 4. — Guyot Tombeau. 20 p.

416 **Guyon.** 3 port et 11 cost. 14 p.

Gel. 1
[illegible]

Dubarry 2.
[illegible]

Frastier

Dealy 6.50 / 18. / 24.50 Costume 6.50
9 portraits

Gel. 2

Gel. Lapeinte 1.50

Gel (2 50

417 Habeneck. — Halley. — Halligner. — Henry, 2. Hervey. — Hugens, 2. — Houdry. — Ida-Dumas, 8. — Irma, 2. — Elisa Jocops, 3. 22 p.

418 Jacquinet. — Jenny. — Joly, 3. — Jonas. — Jouve. — Judith, 3. — Julienne, 2. — Julian. — Juliette, 5. — Kléber. — Kihn. — Klotz. 21 p.

419 Lacressonnière. — Lafond. — Landier, 4. — Larcena. — Laruette. — Laure — Laurence. — Laurent, 3. — Leblanc, 2. — Lecomte, 2. — Léger-Molé. — Legros, 3. — 20 p.

420 **Lecouvreur** (Adrienne). 7 port. et costumes. 8 p.

421 Leménil, 9. — Lemerle. — Lemonier. — Lemoule, 2. — Lepeintre. — Letellier, 2. — Levesque, 2. — Lia-Félix. — Lise, 3. — Lucie, 2. — Luther. — 25 p.

422 **Léontine.** Portrait et 6 costumes. — Léon. 8 p.

423 **Levert**. 7 port. et 3 costumes. 10 p.

424 **Mante**. 2 port., costumes et charges. 5 p.

425 **Mars**. 27 portraits, par Grevedon, Lignon, Vigneron et autres, et 24 costumes. 51 p.

426 Maillet. — Maria. — Marquet, 6. — Marthe, 4. Martin, 3.—Marty.— Mary, — Masson. — Massy. — Mathilde, 2. — 21 p.

427 Maxime, en pied. In-fol. chine, par Llanta, etc. 3 p. — Mayer. 3. — Mélanie, 3. — Melcy. — Mélingue, 4. — Menjaud, 3. — Meynier. — 18 p.

428 Millot, 3. — Mina, 2. — Minette, 6. — Mirecourt. — Zélie Molard. — Henri Monnier. — Céline Montaland, 2. — Moreau-Sainti. — Moralès. 18 p.

429 Naptal-Arnault, 6. — Nathalie, 11. — Nelson, aquarelle, par Rossi, d'après nature. 18 p.

430 Noblet (Alexandrine), 8. — Nongaret, 5. — Ozy. — Page. — Paradol, 7. — 22 p.

431 Paul-Ernest, 2. — Pauline, 7. — Percillé. — Payre. — Périer. — Pelicier. — Perié-Candeille, 2. — Periga, 2. — Pernon, 2. — 19 p.

432 Perrin, 4. — Persou, 2. — Petit, 2. — Pierson. 6. — Pitron, 2. — Potier, 2. — Prosper. — Prevost. — Queriau. 22 p

433 **Plessy**, par Grevedon, en pied, en couleur, par Lane et autres. 11 p.

434 **Préville** (Madame), en pied du temps, in-4, avant toute lettre.

435 Rabut. In-fol. par Belliard. — Raimbaux, in-fol. 2 p.

436 **Rachel**. par H. Dupont, Grevedon, Lasalle, Devéria et autres. 20 portraits et 23 costumes, charges, etc. 43 p.

437 **Raucourt**, gravée par Lingée, Malapeau, 6 portraits et 2 costumes. 8 p.

438 Rausset. — Regnault. — Ravinet. — Revilly. — Rey, 4. — Richard, 2. — Rivière, 4. — Roger-Solié. — Rougemont, 7. — Roussel, 2. — 24 p.

439 Saint-Ange. — Sainte-Foy. — Saint-Hilaire. — Saint-Marc. — Sanxay. — Sauvage, 4. — Scrivaneck, 6. — de Seine, par Lépicié, in-fol. — Sollé. — Sonnet-Leblanc, 2. — Sophie, 3. — Stéphanie, 2. — 24 p.

440 Talma (Vanhove), 2. — Tampie. — Thénard, 4. — Théodore, 2. — Théodorine, 4. — Thibaut. Tilly. — Tousez, 4. — 19 p.

441 Valence, 2. — Valère. — Valmonzey, 2. — Vandervald, 2. — Vautrin, 2. — Verneuil, 3. — Victorine, 2. — Volet, 2. — Volnais, 2. — 18 p.

442 **Verpré** (Jenny). In-fol., par Grevedon. — Vigneron et autres, 3 portraits et 13 costumes. 16 p.

Gel 5.
(Lane, autograph 2 fl.

Gel 6

Gel 5
? Rachel /

443 **Volnys** (Léontine-Fay). Par Berton, Grevedon, Vigneron et autres, 10 portraits et 12 costumes. 22 p.

444 Wattier, in-fol. — Wenzel, 2 port. et 3 cost. — Willemin, 2. — Zélia. — Zulma. 10 p.

DANSEURS, ÉCUYERS.

445 Albert, 2 port. et 6 cost. — Aumer, 2. — Ballon, 2. — Beaupré, 2. — M. et Mlle le clown Boswel. — Buislay. — Caserès. — Chevalier, physicien. — Coulon, 3. — Elie. — Espinosa. 23 p.

446 Blasis (Charles de), chorégraphe. — Francesco, Antonio de Blasis, 2 portraits.

447 **Chiarini** (Antonio). 1° Ballerino. — Giovanni Chiarini. maestro di ballo, 2 dessins.

448 Ferdinand, 4. — Fremolle. — Gardel. — Gontard. — Gosselin, 3. — Luigi Henri, 4. — Léotard. 15 p.

449 Mazillier. 8. — Merante. — Milon, 3. — Montjoie, 7. — 19 p.

450 **Noverre**, gravé par Saunders, in-8. Rare.

451 Paul, 8. — Perrot. 4. — Petitpa, 6. — Queriau. — Redondo. — Saint-Léon, — Segarelli. — Seuriot. — Simon. — Theleur. — Salvatore Taglioni. 26 p.

452 **Pécourt**. In-fol. par Chéreau, d'ap. Tournières.

453 Vestris jeune. — Salvatore Vigano, 3, et son enterrement. 5 p.

DANSEUSES, ÉCUYÈRES.

454 Aline. — Anatole, 5. — Annato. — Balletti, dessin. — Bigottini, 6. — Brocard, 4. — 18 p.

455 **Camargo**. Par Cars, d'ap. Lancret, grand in-fol. et autres. 5 p.

456 Camille, 3. — Caroline à cheval, en couleur, 2. — Caroline, Opéra, 4. — Clara. — Courtin. 11 p.

457 **Cerrito.** Portrait et 10 costumes. 11 p.

458 Dabadie. — Carlotta de Vecchi, en pied, in-fol., chine. — Dimier. — Ducy-Barré, en pied. — Dumilatre, 4. — Ant. Dupen. — Alexis Dupont. — Mimi Dupuis, 3. — Duvernay, 3. — 16 p.

459 **Ellsler** (Fanny). Par Devéria, en pied, en couleur, et autres. 13 p.

460 **Ellsler** (Thérèse), en pied, aquarelle signée. *R. Amédée fecit. 1841.*

461 Elie, 5. — Emart. — Rosa Espert. — Flora Fabbri, 3. — 10 p.

462 Fanny Bias, 2. — Fanny Paul, 2. — Ferraris. — Louise et Nathalie Fitz-James, 3. — Laurent Franconi. — Fuoco, 3. — 12 p.

463 Grahn (Lucile). Grevedon et autres, 3. — Gaillet. — Guimard ancienne et moderne. — Guy-Stephan, 5. — Hullin. 12 p.

464 **Grisi** (Carlotta). Portraits et costumes. 15 p

465 **Kenebel**, rôle du Sylphe, sur un cheval ailé. Très-rare.

466 Lazy. — Legallois, 2. — Legrain. — Lejars à cheval, en couleur, et autres, 2.—Camille Leroux, in-fol. — Pauline Leroux, 4. — 11 p.

467 **Lola Montes**, comtesse de Landsfeld. In-fol. par Vogt, chine.

468 **Montessu.** Par Vigneron. In-fol. et in-4 et costumes. 10 p.

469 Maria. 3. — Marinette. — Maquet. — Martin, née Gosselin. — Mequillet, 2. — Neodot. — Pallerini. — Perea nena, 2. — Taglioni Peraud. — Pierson. — Plunkett, 14. — 18 p.

470 **Noblet.** Par Grevedon et autres, costumes. 16 p.

471 Rosati (Carolina), in-fol., colorié et autres, 6. — Conception Ruiz. 7 p.

[illegible]benn 5
[illegible]by

[illegible] 3

Gel. Satanella 3

O'Reilly 6/ Auber

O'Reilly 8/ Bouldun

3

472 **Sallé**. Grand in-fol. Larmessin, d'ap. Lancret.

473 **Taglioni** (Marie). In-fol. par Planas, rôle de Satanella, Gigoux, Vigneron, rôles de la Sylphide, 4 p., d'ap. Chalons, et autres portraits et costumes, 24 p. — Louise *Taglioni*, 2 p. — 26 p.

474 Renaud cadette. — Robert. — Roland, 2. — Ronsi Vestris. — Saulnier, 2. — Dolores Serral, 3. — Varin. — Vestris. — Vigano. — Zerbi. 14 p.

475 Les principaux artistes lyriques et dramatiques de Paris, en pied, réunis, très-grande lithog., d'ap. nature, par Herman Raunheim.

ACTEURS ESPAGNOLS, AMÉRICAINS.

476 — Ant. Castro. — Manuel Catalina. — Fabre. — Juan de Mata Ibarzabal. — Romea. — Ignacio Servin. 6 p. Rares.

PEINTRES ET ARCHITECTES DE THÉATRES.

477 — Galliari (Gaspare). — André Palladio. — Perego. — Piermarini. — Sanquirico. — Vaccani (Dominique), 6 portraits. Rares.

COMPOSITEURS, MUSICIENS.

478 — Adolphe Adam, 2. — A. Angeleri, lith., in-fol., à Milan. — Arban. — Artot. — Asioli. — Aubert, 3. — Aubery du Boulley. — 10 p.

479 — Baccelieri. — Seb. Bach, in-fol, 3. — Baillot. Banderali. — Basili. — Beethoven, 3. — Bellini. — Beriot. — Berlioz, 3. — Bertini. — Berton. — Bisch. — Boïeldieu, 4. — Bohm. — Brod. 24 p.

480 — Carafa. — Carli. — Carulli. — **Cavallini, in-fol. avec dédicace.** — Cavos. — Celli. — Cherblanc.— Chérubini. — Choron. — Cimarosa. — Costa. — Cramer. — Czerny. 13 p.

481 — Dalayrac. — Félicien David. — Delaporte. — Desvignes.— Donizetti, 2.— Dubusc, 2.—Dussek, 2. — 10 p.

482 — Elena (les frères). — Ferni (les sœurs), avec dédicace.— Fumagalli, in-fol., par Alophe. 3 p.

483 — Gabussi. — Gatayes, noir et couleur. — Gelinek. — Gevaert. — Gille.— Glinka. — Gluck, 5. — Godefroid. — Gordigiani. —Goria. — Grétry, 7. — Guichard. — 23 p.

484 — Habeneck, in-fol., par Van Geel. Rare. — Halévy, 2. — Handel, par Breitkopf et autres, 4. — Haydn, 4. — Hérold. — Herz. — Hummel, 3. Hunten. 17 p.

485 — Julien.— Kalkbrenner. — Kraus.— Lacombe. — Lafont.—Orlando Lassus. —Lejeune. — Lentz. — Les frères Lionnet. — Litz, in-fol., Devéria et autres, 3. — Lully, in-fol. par Rouillet et autres, 3.— Les Trois Lilliputiens. 16 p.

486 — Mandini. — Manera. — Martin. — Mauri. — Mayseder. — Méhul, 2. — Nicolo. — Messemakers. — Meyerbeer, 5. — Sœurs Milanollo. — Minoja.— Mozart, 5. — Musard fils. 22 p.

487 — Pacini. — Paër, 3. — Paganini, 7. — Paesiello, 2. — Palestrina. — Panseron. — Pastou.— — Perrotti.—Piccini, 3. — Pixis.— Poniatowski — Porro. — Purcell. 24 p.

488 — **Rossini**. Gravé par Thévenin, Masson, lith. de Grevedon, Bayalos, Dupré et autres, photographie de Mayer et Pierson, etc., statues et charges. 19 p.

489 — **Rousseau** (J.-J.). In-4, par Langlois et autres. 9 p.

Reilly 4
amulet

Reilly 3
Panther

Reilly 28

490 — Rameau, 3. — Reicha. — Rolla, 2. — Romagnesi, in-fol. 7 p.

491 — Sacchini, 3. — Sallieri. — Spontini, 5. — Strauss. — 10 p.

492 — Tartini. — Turbri. — Vaccari. — Weber, 2. — Verdi, 2. — Vernier. — Viotti, 2. — 10 p.

493 — Divers. — Inconnus. — Compositeurs contemporains. — Panthéon musical. — Concert à la vapeur. 6 p.

AUTEURS DRAMATIQUES.

494 — Abraham (Emile). Photogr. en pied. — Aignan. — Altaroche. — Ancelot, 2. — Mme Ancelot, 2. Aretin, 3. — Arnault. — Arnoult. — Audebrand. — Augier. 14 p.

495 — **Alfieri** par Cipriani, Rados et autres. 11 p.

496 — Baif (de). — Balzac, 5. — Baour-Lormian. — Th. Barrière. — C. Bataille. — Beaumarchais, 2. — Beaumont. — Roger de Beauvoir, 2. — Berchoux. — Bitaubé, 2. — Anicet Bourgeois, 2. 19 p.

497 — Boileau. — Boissy. — Bouilhet. — Boyer. — Brazier. — Breton de los Herreros. — Byron (lord), 13. — Lady Byron. — 20 p.

498 — **Caimi** (Eugène), poëte et régisseur du Théâtre Italien, aquarelle-miniature.

499 — Calderon. — Cervantes. — M.-J. Chénier, 2. — Cogniard (Th. et Hip.), 2. — Collin d'Harleville. — Crébillon, 8. — 15 p.

500 — **Corneille** (Pierre), 8. — Corneille (Thomas), 6. — 14 p.

501 — Dancourt, 2. — De La Chaussée. — Delille, 2. L.-N. Deneux, auteur du Coutelier (physionotrace). — Desaugiers, 3. — E. Deschamps, 2. — L. Desnoyers. — Destouches. — Diderot, 5. — Ducis, 4. Ducray-Dumenil. — Dupaty, 2. — Dupeuty. — Duvert, 3. — 29 p.

502 — **Delavigne** (Casimir), gravé et lithog. 9 p.

503 — **Dumas** (Alexandre) père, par Devéria, Moynet et autres. 14 p.

504 — Empis. — d'Epagny. — Etienne en pied, en colère. — Florian, 2. — Fabre d'Eglantine. — Fontan.—Fontenelle, 4. — Foscolo. — Théophile Gauthier, 5. —17 p.

505 — Gœthe, 2. — Goldoni, 4.—Les frères de Goncourt, charge du Gaulois. — Gozlan. — Gresset, 4. — Grimm, 2. — Grossi. — Guizot. — 16 p.

506 — Harel. — Arsène Houssaye, 2. — Huart. — Victor Hugo, 5. — J. Janin, 6. — Jaime. — De Jouy, 2. — 18 p.

507 — Karr (Alphonse), 3.— Kotzebue. — Labbey de Pompières, 2. — Lafontaine, 3. —Laharpe, 2. — Lamartine, 3. — Lamotte-Houdart. — Laronnat. — Laya. — Lemercier. — Lesage, 2. — 20 p.

508 — Machiavel. — Sc. Maffei, 5. — Manzoni. — Marivaux, 3. — Marmontel, 2. — Martinez de la Rosa, 2. — Melesville, in-fol, par Vogt. Rare. — Mendouze. — Mercier. — Merle. — Méry. — Metastase, 2. — Millevoye. — Milton. 23 p.

509 — **Molière**. In-fol. par Beauvarlet et autres; la fontaine. sujets, etc. 21 p.

510 — **Monti** (Vincenzo), in-fol., gravé par Regazzoni.

511 — Monselet, 2. — Muller. — Murger. — Alfred de Musset, 2. — Charles Nodier, 2. — Noriac. — Nota. 10 p.

510,

[illegible]uisg;

[illegible]ffaulle

512 — Palissot, 2. — Panard. — Parini. — Paul de Kock. — Pieyre. — Piis, 2. — Picard, 3. — Pindemonte. — Piron, 3. 15 p.

513 — **Pixerecourt** (Guilbert de). In-8 par Bosselman, d'ap. Mme Cheradame, avec les vers de remerciements. Rare.

514 — Ponson du Terrail. — P. Porée. — F. Pyat, 4. Quinault. — Regaldi. — Regnard, 3. — Restif de la Rretonne. — Ricciardi. — Rolland. — Romani, 2. Romieu. — Rotrou, 2 — Rougemont. 20 p.

515 — **Racine** (Jean). Port. et sujets, 13. (Louis). — 14 p.

516 — Saint-Evremont. — Sandeau. — Saurin. — Schiller, 8. — W. Scott. — Scribe, 3. — Sedaine. Séjour. — Shakespeare, 5. — 22 p.

517 — Soulié (Frédéric), 5. — Torquato Tasso, en bois, de son vivant, par Savart et autres, 4. — Taylor, 2, — Tissot. — Varin. — Vatout. — Viardot. — de Vigny, 4. — Villemot. — Wieland. — Yriarte, 2. — Apostolo Zeno. 24 p.

518 — **Voltaire**, 17, et son triomphe, grand in-fol., par Duplessis. 18 p.

519 Réunions. Auteurs, les binettes, les directeurs, etc. 8 p.

520 — Louise Colet. — Genlis. — De Girardin, 4. Graffigny, 3. Montansier.—Riccoboni, 3. — Georges Sand, 6. — Stael. — Marg. de Valois. 21 p.

521 — Portrait en pied de M, le *Baron Taylor*, grande lithog. par Léon Noel, ép. chine.

522 **Molière** lisant son Tartuffe chez Ninon, par Anselin. — Phèdre et Hippolyte. — Lady Macbeth. — Mlle *Clairon* dans Médée. 4 grandes p.

523 Portraits inconnus. 20 femmes et hommes.

Renou et Maulde, imprimeurs de la Compagnie des Commissaires-Priseurs, rue de Rivoli, 144. 4507

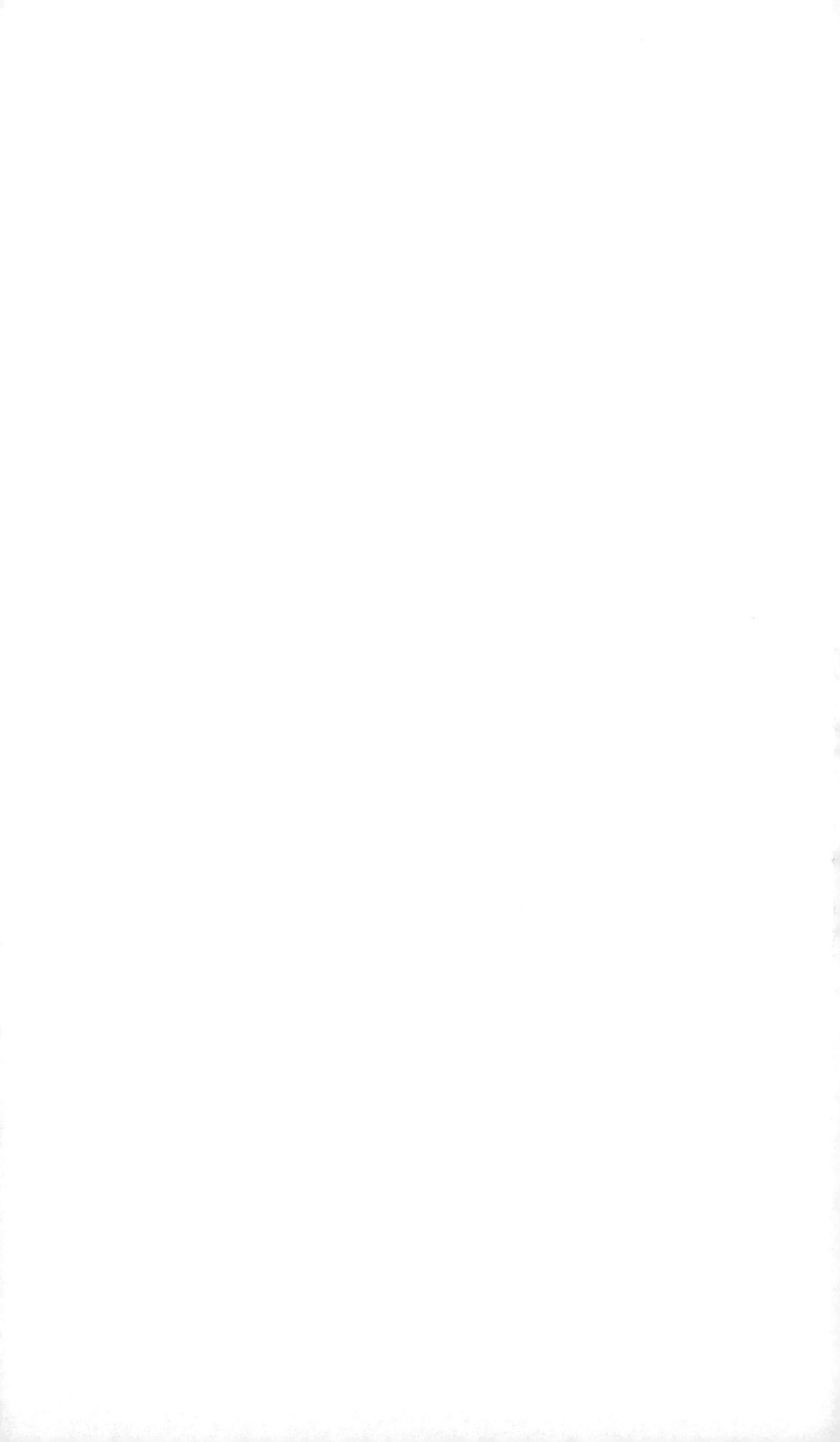

www.ingramcontent.com/pod-product-compliance
Ingram Content Group UK Ltd.
Pitfield, Milton Keynes, MK11 3LW, UK
UKHW022050170726
13837UKWH00002B/882